Andrea Seifert

Bastelideen zur Weihnachtszeit

Alles aus Papier

CHRISTOPHORUS
BRUNNEN-REIHE

SEIT MEHR ALS 30 JAHREN STEHT DER NAME „CHRISTOPHORUS“ FÜR KREATIVES UND KÜNSTLERISCHES GESTALTEN IN FREIZEIT UND BERUF. GENAUSO WIE DIESER BAND DER BRUNNEN-REIHE IST JEDES CHRISTOPHORUS-BUCH MIT VIEL SORGFALT ERARBEITET: DAMIT SIE SPASS UND ERFOLG BEIM GESTALTEN HABEN – UND FREUDE AN SCHÖNEN ERGEBNISSEN.

Neu bearbeitete Auflage 1996

ISBN 3-419-55823-6

Redaktion: Elke Fox
Styling und Fotos: Roland Krieg, Waldkirch
Reinzeichnungen: Uwe Stohrer, Norsingen
Umschlaggestaltung: Network!, München
Produktion: Print Production, Umkirch
Druck: Freiburger Graphische Betriebe, 1996

CHRISTOPHORUS
BÜCHER MIT IDEEN

Inhalt

Zur Weihnachtszeit

Zu keiner anderen Zeit im Jahr wird soviel gebastelt und dekoriert wie in der Weihnachtszeit. Gemeinsame Bastelaktionen in der Familie, im Kindergarten oder in der Schule machen Spaß und steigern die Freude auf das große Fest. Und die Kinder bereiten mit den selbstgebastelten Geschenken und Dekorationen ihren Eltern, Geschwistern, Großeltern und Verwandten eine ganz besondere Freude.
Ich stelle Ihnen hier viele Dinge vor, die zur Weihnachtszeit gern gebastelt werden und für weihnachtliche Stimmung sorgen: einen Adventskalender, Weihnachtskarten, Fensterbilder, Mobiles, Geschenkanhänger, Tischdekorationen, Geschenkverpackungen und auch eine Weihnachtskrippe. Sie und Ihre Kinder finden sicher Anregungen für Ihren individuellen Weihnachtsschmuck.

Viel Spaß und ein frohes Weihnachtsfest!

Ihre

Andrea Seifert

Material

Fotokarton (300 g/qm); Tonkarton (180 g/qm); Tonpapier (130 g/qm); Leucht-Tonpapier; Regenbogen-Buntpapier; Transparentpapier; Regenbogen-Transparentpapier; Schreibmaschinenpapier; Kreppapier; Bastelfolie in Gold, Blau und Rot; Karton (ca. 180 g/qm), einseitig mit Gold beschichtet; Hologramm-Papier in Gold und Silber; Nähgarn; dünne Goldkordel; dünne Silberkordel; weißer Drahtring; runde und ovale Käseschachteln; Trink- oder Marmeladengläser; Papierservietten; Briefumschläge; Kerzen; Teelichter

Hilfsmittel

Bleistift; Filzstifte; Buntstifte; Relieffarbe; Deckweiß; Pinsel; Floristenknetmasse; Klebstoff, z.B. UHU Alleskleber extra; Klebefilm, z.B. UHU film; Kohlepapier oder Architektenpapier zum Übertragen der Vorlagen; feste Pappe als Arbeitsunterlage; für Kinder eine Bastelschere mit abgerundeten Spitzen; große Papierschere; kleine, spitze Silhouettenschere; Cutter (Papierschneidemesser); Lineal; Falzbein oder stumpfe Stricknadel; Zirkel; Hefter; Nähnadel; Stick- oder Stopfnadel; Pinzette

Anmerkung:
Bleistift, Scheren und Klebstoff werden für jede Beschreibung benötigt und deshalb nicht bei jeder Bastelarbeit extra erwähnt.

Übertragen der Motive vom Vorlagenbogen

Auf dem Vorlagenbogen sind alle Motive in Originalgröße abgebildet. Methode 1: Mit Hilfe von Kohlepapier kann jedes einzelne Teil direkt auf die ausgewählte Papiersorte übertragen werden (außer auf Bastelfolie, hier erst eine Kartonschablone anfertigen). Methode 2: Weißes Architektenpapier auf den Vorlagenbogen legen und das Motiv mit einem wasserfesten Filzstift nachzeichnen. Das Transparent mit der Zeichnung auf das Werkmaterial legen und die Linien fest mit Bleistift (HB) durchdrücken.

Schablonen

Soll ein Motiv mehrfach oder für Gruppenarbeiten verwendet werden, empfiehlt sich die Anfertigung einer Schablone aus festem Karton. Die Kartonschablone auf das ausgewählte Papier legen und die Umrisse mit Bleistift nachzeichnen.

Ausschneiden und Falzen

Beim Ausschneiden darauf achten, daß Bleistift- oder Pauslinien weggeschnitten werden.
Das Lineal exakt an die Faltlinie legen und die Linie mit dem Falzbein nachfahren. Das Papier wird auf diese Weise leicht angeritzt und ermöglicht eine genaue Falzkante. Anstelle des Falzbeins kann auch eine stumpfe Stricknadel verwendet werden.

Kleben

Wenig Klebstoff verwenden und dünn auftragen. Klebestellen eventuell beschweren oder mit Wäscheklammern fixieren.
Verarbeitung kleiner Motivteile: Einen Klebstofftropfen auf Pappe auftragen und die Teile mit einer Pinzette so durch den Klebstoff ziehen, daß die Unterseite befeuchtet wird.

Nikolaus mit Schlitten

Nikolaus

1. Alle Teile der Nikolausfigur zweifach ausschneiden. Gesicht, Hände, Augen, Bart, Pelzbesätze und die Stiefel aufkleben.

2. Eingezeichnete Linien mit einem schwarzen Filzstift nachziehen.

Material

- Fotokarton in Rot, Weiß und Hellbraun
- Tonpapier in Schwarz und Hautfarbe
- Kreppapier in Dunkelblau
- Silberkordel

Hilfsmittel

- Filzstift in Schwarz
- Deckweiß und Pinsel
- Lineal
- Falzbein
- Stick- oder Stopfnadel

Vorlage A

3 Die Hälften der Figur zusammenkleben, dabei die hintere Hand, den Mantelsaum und die Stiefel aussparen. Den Nikolaus pressen und trocknen lassen.

4 Standfläche aus Fotokarton schneiden, falten und zwischen die Stiefel kleben.

Schlitten und Säckchen

1 Den Schlitten aus hellbraunem Fotokarton ausschneiden. Die Faltlinien vorfalzen, dann falten. Einen Steg zwischen die mittleren Kufen kleben.

2 Mit der Nadel das Loch für die Zugkordel stechen. Die Kordel an einem Ende verknoten und einziehen. Das andere Ende der Kordel zwischen die Handflächen des Nikolaus kleben.

3 Für das Säckchen zwei Kreppapierstreifen von 15 x 20 cm zuschneiden und an drei Seiten zusammenkleben.

4 Das Säckchen mit Deckweiß verzieren. Ein Geschenk hineinlegen und das Säckchen mit einer Silberkordel zubinden.

Weihnachtswald

❶ Die Ober- und Unterteile der Schachteln auf grünen bzw. roten Fotokarton übertragen und ausschneiden.

❷ Die Faltlinien mit Lineal und Falzbein vorfalzen und falten.

❸ Jedes Schachtelteil zusammenfügen, gut trocknen lassen, dann die Schachteln zusammensetzen.

❹ Die grünen Schachteln mit Schneetannen, für den 24. Dezember mit Christbaumschmuck bekleben.

❺ Rote Schachteln: Das hautfarbene Gesicht auf die weiße Haar- und Bartform kleben. Augen aus weißem Papier schneiden und mit schwarzem Filzstift bemalen. Nase und Mund mit rotem Filzstift aufmalen. Augenbrauen und Schnurrbart aufkleben. Handschuhe, Pelzbesätze, Stiefel und eine weiße Mützenquaste anbringen.

Tip: Einen großen Klebstofftropfen auf Pappe auftragen und kleine Teile mit einer Pinzette so durch den Klebstoff ziehen, daß die Unterseite befeuchtet wird.

Material

- **Fotokarton in Rot, Grün und Weiß**
- **Tonpapier in Weiß**
- **Tonpapierreste in Schwarz, Blau, Violett, Rot, Gelb und Hautfarbe**

Hilfsmittel

- **Filzstifte in Rot und Schwarz**
- **Lineal**
- **Falzbein**
- **Pinzette**

Vorlage B

Weihnachtsmänner mit Tannen

Material

- Fotokarton in Rot
- Tonkarton in Weiß und Dunkelgrün
- Tonpapierreste in Braun und Schwarz
- Schreibmaschinenpapier in Weiß
- Briefumschlag 23,4 x 12,4 cm
- Reste von Bastelfolie in Rot, Blau, Gold
- dünne Goldkordel

Weihnachtskarte Nikolaus

❶ Die Figur zweimal ausschneiden.

❷ Beide Teile im Bereich der Mütze deckungsgleich aufeinanderkleben.

❸ Die Pauslinien des Gesichts mit einem schwarzen Filzstift nachziehen. Die Pupillen ausmalen. Das Gesicht mit einem Buntstift in Hautfarbe bemalen. Bäckchen andeuten, Mund und Nase aufmalen. Das Gesicht auf die Grundform kleben.

❹ Die Handschuhe mit Heftklammern an der Grundform befestigen, die Klammern mit den Pelzbesätzen überdecken. Mützenquaste, Knöpfe, Pelzbesatz und Stiefel aufkleben.

❺ Die Rückseite nur mit Mützenquaste, Pelzbesatz und Stiefeln ausgestalten.

Weihnachtskarte Tanne

❶ Einen 25 cm langen und 11,5 cm breiten Papierstreifen zuschneiden. Nach 8,3 cm und 16,6 cm wie eine Ziehharmonika falten.

❷ Die größere Tannenform auf das Deckblatt übertragen. Alle Lagen zusammen ausschneiden, dabei Verbindungsstege an den Falzkanten stehenlassen.

❸ Die kleinere Tannenform aus grünem Tonkarton schneiden, auf die weiße Tanne kleben und mit Deckweiß ausgestalten.

Geschenkanhänger Tanne

❶ Die Tanne auf gefalzten Tonkarton, Bruchkante an Bruchkante, übertragen und ausschneiden.

❷ Mit Kerzen, Weihnachtskugeln und Sternen aus farbiger Bastelfolie verzieren.

❸ Für das Innenblatt eine 3 mm kleinere Tanne aus gefaltetem Papier schneiden. Deck- und Innenblatt mit einer dünnen Goldkordel am obersten Tannenzweig zusammenfassen.

Hilfsmittel

- **Deckweiß und Pinsel**
- **Filzstift in Schwarz**
- **Buntstifte in Hautfarbe und Rot**
- **Hefter**
- **Lineal**
- **Falzbein**

Vorlage C

Lustige Schneemänner

❶ Alle Motivteile ausschneiden und die Figuren auf Vorder- und Rückseite ausgestalten.

❷ Am Zylinder und an den Händen mit der Nadel Löcher stechen.

❸ Für die Sternenkette einen 9 cm langen Faden am Ende verknoten, erst durch die eine Hand des Schneemanns ziehen, dann durch die andere und ebenfalls verknoten.

❹ Fünf Sternenpaare aus Hologramm-Papier deckungsgleich mit dem Faden in der Mitte aufeinanderkleben, ein Paar auf dem Arm des Schneemanns fixieren.

❺ Jeweils zwei Schneekristalle aus Fotokarton schneiden, wie angegeben einschneiden und entlang der Einschnitte ineinanderstecken. Aufhängeschlaufe anbringen.

Material

- **Fotokarton in Weiß**
- **Reste von Tonkarton oder Tonpapier in Schwarz, Orange, Rot, Gelb und Blau**
- **Reste von Hologramm-Papier in Silber**
- **Nähgarn in Weiß**

Hilfsmittel

- **Filzstift in Schwarz**
- **Lineal**
- **Nähnadel**
- **Pinzette**

Vorlage D

Wintersport

❶ Die Schneemänner und ihre farbigen Details ausschneiden, auf Vorder- und Rückseite ausarbeiten. Linien mit Filzstift nachziehen. Aufhängefäden anbringen.

❷ Die Tanne zweimal ausschneiden, der Länge nach falten und beide Formen entlang der Falzkanten aneinanderkleben.

❸ Für die Schneeflocken eine kreisrunde Schablone von 1 cm Durchmesser anfertigen. Die Umrisse auf vierfach gelegtes Papier übertragen und ausschneiden.

❹ 50 cm lange Fäden jeweils an einem Ende verknoten. Die erste Schneeflocke mit der Nähnadel auffädeln. Wie bei einem Rückstich noch einmal einstechen und die nächste Flocke nach 2 cm Abstand aufnehmen. Den Faden an den Einstichstellen mit Klebstoff fixieren.

❺ Schneeflockenbänder an den Ring binden und die Knoten mit Klebstoff sichern.

❻ Wolken ausschneiden, von außen und von innen an den Ring kleben.

❼ Für die Aufhängung drei Fäden am Ring befestigen.

Material

- **Fotokarton in Weiß**
- **Tonkartonreste in Blau, Rot, Hellgelb, Gelborange, Orange, Braun und Dunkelgrün**
- **Schreibmaschinenpapier in Weiß**
- **Drahtring in Weiß (Durchmesser: 30 cm)**
- **Nähgarn in Weiß**

Hilfsmittel

- **Filzstift in Schwarz**
- **Lineal**
- **Falzbein**
- **Zirkel**
- **Nähnadel**

Vorlage E

Winterlandschaft

Material

- **Fotokarton in Weiß**
- **Tonpapier in Dunkelblau und Hellbraun**
- **Leucht-Tonpapier in Gelb**
- **Transparentpapier in Gelb**
- **Relieffarbe mit Brillanteffekt, Farbton Schneeflocke**
- **Nähgarn in Weiß**

Hilfsmittel

- **dicker Filzstift in Hellgrau**
- **Zirkel**
- **Silhouettenschere oder Papierschneidemesser**
- **Nähnadel**

Vorlage F

❶ Die kreisrunde Grundfläche und alle Linien zweimal auf weißen Fotokarton übertragen. Die Umrisse mit dem Zirkel nachziehen.

❷ Beide Kreisscheiben aufeinanderlegen. Fenster und Türe mit dem Papierschneidemesser ausschneiden.

❸ Die Ausschnitte mit gelbem Transparentpapier hinterkleben.

❹ Den Nachthimmel aus dunkelblauem Tonpapier ausschneiden, auf beide Grundflächen kleben und mit Sternen aus Leucht-Tonpapier dekorieren.

❺ Beide Hausfassaden, Schornsteine, Fenster- und Türsprossen aus hellbraunem Tonpapier ausschneiden. Mit der Silhouettenschere oder dem Papierschneidemesser Fenster- und Türflächen aus den Fassaden schneiden. Die Sprossen auf den Fassadenrückseiten ankleben. Achtung: Es müssen zwei spiegelbildliche Fassaden entstehen.

❻ Die Hausfassaden und die Schornsteine auf die Grundflächen kleben.

❼ Die beiden Grundflächen zusammenkleben.

❽ Die Umrisse der Tannen, des Hauses und die Linien der Schneefläche vor dem Haus mit grauem Filzstift nachziehen, trocknen lassen und mit weißer Relieffarbe übermalen. Die Zwischenräume mit einzelnen Punkten und Linien ausgestalten und die gesamte Dachfläche dick mit Relieffarbe bestreichen. Die Farbe gut trocknen lassen und dann die Rückseite des Fensterbildes bemalen.

❾ Mit der Nadel das Loch für den Aufhängefaden stechen und den Faden einziehen.

Hirte und Schafe

Karte und Briefumschlag

❶ Den Rahmen und die Motive auf weißen Fotokarton übertragen und ausschneiden.

❷ Die Faltlinie mit Lineal und Falzbein vorfalzen, dann falten.

❸ Streifen aus Regenbogen-Transparentpapier zuschneiden und auf den Karteninnenseiten ca. 4 mm überlappend aneinanderkleben.

❹ Die Motive auf die Außenseiten der Karte kleben.

❺ Als Innenblatt weißes Papier 21 x 22,5 cm der Länge nach falzen und falten.

❻ Schäfchen und Gras aus Regenbogen-Transparentpapier schneiden und auf den Briefumschlag kleben.

Geschenkanhänger

❶ Das Schäfchen auf gefalteten Fotokarton übertragen, dabei Bruchkante an Bruchkante legen, ausschneiden.

❷ Die Innenausschnitte mit Regenbogen-Transparentpapier hinterkleben.

❸ Für das Innenblatt ein etwa 3 mm kleineres Schäfchen aus gefaltetem Papier schneiden.

❹ Die weiße Form in die transparente legen, eine dünne Goldkordel durch die Öffnung am Hals der beiden Schäfchen führen und die Enden verknoten.

Fensterbild

❶ Hirte, Schäfchen, Gras und Sterne zweifach aus weißem Fotokarton ausschneiden.

❷ Jeweils eine Form mit Regenbogen-Transparentpapier hinterkleben und die zweite Form deckungsgleich aufkleben.

Material

- **Fotokarton in Weiß**
- **Regenbogen-Transparentpapier**
- **Schreibmaschinenpapier in Weiß**
- **dünne Goldkordel**
- **Briefumschlag 23,4 x 12,4 cm;**

Hilfsmittel

- **Lineal**
- **Falzbein**

Vorlage G

Kerzenbilder

Material
- **Tonpapier in Weiß, Hellgrün, Dunkelblau und Gelb**
- **Regenbogen-Transparent-papier**

Hilfsmittel
- **Filzstift in Schwarz**
- **Buntstift in Rot**
- **Papierschneide-messer**
- **Lineal**
- **Falzbein**

Vorlage H

Alle Motive

❶ Die Grundform aus Regenbogen-Transparentpapier schneiden.

❷ Die Faltlinien vorfalzen, dann falten.

Mond und Sterne

❶ Wolken, Mond und Sterne ausschneiden und auf dem Transparent fixieren.

❷ Das Mondgesicht mit Farbstiften aufmalen.

Hirte und Schafe

❶ Die Motive aus Tonpapier ausschneiden. Die Innenausschnitte mit dem Papierschneidemesser ausführen.

❷ Figuren, Gras und Sterne auf das Transparent kleben und pressen.

Häuschen im Wald

❶ Sterne, Tannen und Häuser auf weißes Tonpapier übertragen und zunächst nur die Umrisse ausschneiden. Auf die transparente Grundform kleben und pressen.

❷ Nach etwa 15 Minuten Trockenzeit die Innenausschnitte mit dem Papierschneidemesser herauslösen.

❸ Die Sterne und die Fenster mit gelbem, die Tannen mit grünem Transparentpapier hinterkleben, das Bild pressen.

Hexenhäuschen

Hexenhäuschen

❶ Die Teile des Hauses auf Fotokarton übertragen und ausschneiden. Die Fenster und die Tür mit der Silhouettenschere oder dem Papierschneidemesser ausschneiden.

❷ Tür und Fenster mit doppelt gelegtem Transparentpapier hinterkleben. Die Tür innen am Türrahmen anbringen.

❸ Die Fensterläden aufkleben und dekorieren.

❹ Die Fassade mit farbigen Motiven wie Herzen und Blumen verzieren.

❺ Die Schneeflächen für Dach, Fensterbänke und Sockel aus weißem Fotokarton schneiden und aufkleben.

❻ Die Kleberänder an den Seitenteilen vorfalzen, dann falten und das Haus zusammenkleben. Die schwarze Katze am Schornstein fixieren.

Zaun

❶ Den Zaun in beliebiger Länge aus dunkelbraunem Fotokarton schneiden und mit Schneehäubchen aus weißem Papier verzieren.

❷ Den am Boden liegenden Schnee nach der Vorlage ausschneiden, der Länge nach falzen, falten, innen mit Klebstoff bestreichen und den Zaun einkleben.

Tannen

❶ Für jede Tanne zwei Formen ausschneiden, der Länge nach falzen und falten.

❷ Beide Teile an den Falzkanten aneinanderkleben.

Material

- **Fotokarton in Weiß, Hell- und Dunkelbraun**
- **Tonpapierreste in Rosa, Gelb, Hellgrün, Schwarz, Weiß und Hautfarbe**
- **Transparentpapier in Gelb**
- **Schreibmaschinenpapier in Weiß**
- **drei bis vier Teelichter**

Hilfsmittel

- **Lineal**
- **Falzbein**
- **Papierschneidemesser**

Vorlage I

Tanne, Mond und Sterne

Material

- **Fotokarton in Weiß, Rot und Dunkelblau**
- **Tonpapier in Grün und Gelb**
- **Hologramm-Papier in Gold**
- **Kerzen (ca. 10 cm lang, 1,3 cm ∅)**

Hilfsmittel

- **Floristenknetmasse**
- **Trink- oder Marmeladengläser (ca. 8 cm hoch, 6 cm ∅)**
- **Filzstift in Schwarz**
- **Buntstift in Rot**
- **Lineal**
- **Falzbein**
- **Hefter**

Vorlage J

Behälter

❶ Die Grundform auf Fotokarton übertragen und ausschneiden.

❷ Die Faltlinien mit Lineal und Falzbein vorfalzen, dann falten.

❸ Die Behälter an den Kleberändern zusammenfügen.

❹ Die Motive Mond, Stern und Tanne aus Tonpapier oder Hologramm-Papier schneiden. Monde mit Filz- und Buntstift ausgestalten und die Behälter damit dekorieren.

Kerzenständer

❶ Jeweils zwei Fotokartonstreifen von 27 x 3 cm zusammenkleben und trocknen lassen.

❷ Daraus nach der Vorlage einen Streifen schneiden, falzen und ein Loch für die Kerze einschneiden.

❸ Den Streifen bogenförmig zusammenfügen und an den Stoßstellen ohne Lücke mit einer Heftklammer verbinden.

❹ Die Motive Mond, Stern und Tanne aus Tonpapier oder Hologramm-Papier schneiden und aufkleben.

❺ Die Kerze mit Floristenknetmasse im Bereich der Heftklammer befestigen.

Hinweis: Ist die Kerze etwas heruntergebrannt, kann sie nach oben gezogen werden, ohne daß der Kerzenständer seinen Halt verliert.

Glitzernde Sterne

Material

- **Fotokarton in Weiß**
- **Tonpapier in Weiß**
- **Hologramm-Papier in Gold**
- **Bastelfolie in Gold**
- **dünne Goldkordel**
- **Nähgarn in Weiß**
- **Kerze (ca. 10 cm lang, 1, 3 cm ∅)**
- **Papierservietten**

Hilfsmittel

- **Floristenknetmasse**
- **Zirkel**
- **Nähnadel**
- **Pinzette**

Vorlage K

Sternenbogen

❶ Den Bogen nach der Vorlage aufzeichnen, mit dem Zirkel nachziehen und ausschneiden.

❷ Sterne aus Hologramm-Papier aufkleben.

Kerzenständer

❶ Sterne aus Hologramm-Papier und Fotokarton aufeinanderkleben.

❷ 1,5 cm breite Fotokartonstreifen röhrenförmig zusammenfügen und auf den Stern kleben. Die Kerze mit Knetmasse darin befestigen.

Serviettenring

❶ Zwei Hologramm-Papiere an den Rückseiten aufeinanderkleben, den Serviettenring von der Vorlage übertragen und ausschneiden.

❷ An den gekennzeichneten Stellen einschneiden und zusammenstecken.

Glöckchen

❶ Für jedes Glöckchenpaar einen Kreis von 8 cm Durchmesser aus Fotokarton schneiden.

❷ Beide Seiten der Kreisscheibe mit schmalen Ringen aus Goldfolie bekleben und die Scheiben halbieren. Jede Hälfte kegelförmig zusammenkleben.

❸ Die Spitzen abschneiden.

❹ Goldkordel an einem Ende verknoten und durch die Mitte eines ca. 3 x 3 cm großen Goldfolienstückes ziehen. Die Folie um den Knoten zu einem Klöppel zusammendrücken. Nach ca. 2,5 cm einen dicken Knoten binden und die Goldkordel mit Hilfe einer Nadel von innen durch die Öffnung der Glockenspitze führen.

❺ Das zweite Glöckchen ausarbeiten und beide Kordeln zusammenbinden.

Drehstern

❶ Den gesamten Stern auf weißen Fotokarton übertragen.

❷ Die Rückseite des Fotokartons auf Hologramm-Papier kleben und pressen.

❸ Die einzelnen Sterne mit dem Cutter ausschneiden, ein Lineal zu Hilfe nehmen.

❹ Die Sterne ineinandergefügt auf Hologramm- Papier kleben, pressen und nach dem Trocknen erneut ausschneiden.

❺ Mit der Nadel an den eingezeichneten Stellen Löcher für den Aufhängefaden einstechen.

❻ Die Sterne, beim kleinsten beginnend, nacheinander auffädeln. Den Faden nach jedem Stern verknoten und am Ende lang lassen. Die Knoten mit etwas Klebstoff fixieren.

Material
- **Fotokarton in Weiß**
- **Hologramm-Papier in Silber**

Hilfsmittel
- **Nähgarn in Weiß**
- **Lineal**
- **Nähnadel**
- **Cutter**

Vorlage M

Nur die mit der Nadel gekennzeichneten Sterne verwenden.

Engel

Material

- Fotokarton in Violett
- Hologramm-Papier in Gold

Hilfsmittel

- Nähgarn in Weiß
- Zirkel
- Nähnadel
- Cutter
- Hefter

Vorlage L

❶ Zwei konzentrische Kreise von 38 bzw. 36 cm auf violettem Fotokarton mit dem Zirkel anzeichnen und ausschneiden.

❷ Den Ring auf ein zweites Stück Fotokarton kleben und die Umrisse nachschneiden.

❸ Beide Seiten mit Sternchen verzieren.

❹ Den Engel auf eines der übriggebliebenen Kreisinnenteile übertragen, auf das zweite Innenteil legen und beide Teile rundherum mit Heftklammern zusammenfügen.

❺ Die Linien innerhalb der Figur mit dem Cutter, die Umrisse des Engels mit einer kleinen, spitzen Schere ausschneiden.

❻ Zwei Bogen Hologramm-Papier 30 x 26 cm an den Rückseiten aneinanderkleben.

❼ Eine Engelform auf das Hologramm-Papier kleben und die Konturen ausschneiden. Die zweite Engelform deckungsgleich aufkleben und dabei die Hand mit der Kerze einlegen.

❽ Den Aufhängefaden befestigen.

Schöne Schachteln

Material

- Fotokarton in Grau
- Tonpapier in Weiß und Dunkelblau
- runde Käseschachtel mit ca. 10 cm Durchmesser
- ovale Käseschachtel ca. 8 x 11 cm
- Hologramm-Papier in Blau und Gold
- Karton (ca. 180 g/qm), einseitig mit Gold beschichtet

Runde Schachtel

❶ Ober- und Unterseite sowie die Deckelwand mit blauem Hologramm-Papier bekleben.

❷ Den Mond und die Sterne aus goldfarbenem Hologramm-Papier ausschneiden und aufkleben.

❸ Das Mondgesicht mit wasserfestem Filzstift aufmalen.

Ovale Schachtel

❶ Ober- und Unterseite sowie die Wand des Deckels mit Goldkarton bekleben.

❷ Die Krippenszene aus blauem Tonpapier schneiden und aufkleben.

Faltschachtel

❶ Die Form vom Vorlagenbogen auf grauen Fotokarton übertragen und ausschneiden.

❷ Die Faltlinien mit Lineal und Falzbein vorfalzen und falten. Die Schachtel zusammenkleben.

❸ Schneemann, Tannen und Schneeflächen aus weißem Tonpapier schneiden und aufkleben.

❹ Den Schneemann mit Filzstift und Buntstiften ausgestalten. Die Schneeflocken mit Deckweiß aufmalen.

Hilfsmittel

- **wasserfester Filzstift in Schwarz**
- **Buntstifte in Braun und Orange**
- **Deckweiß und Pinsel**
- **Lineal**
- **Falzbein**
- **Zirkel**
- **eventuell Cutter**

Vorlage N

Weihnachtskrippe

Material

- **Karton (ca. 180 g/qm), einseitig mit Gold beschichtet**
- **Fotokarton in Dunkelgrün und Weiß**
- **Fotokartonreste in Gelb**
- **Tonkarton in Hautfarbe und Hellbraun**
- **Tonpapierreste in Gelb, Weiß, Hell- und Dunkelbraun**
- **Regenbogen-Buntpapier**
- **Hologramm-Papier**

Grundplatte

❶ Einen Kreis von 17 cm Durchmesser aus dunkelgrünem Fotokarton schneiden und mitten auf die 40 cm große Platte aus Goldkarton kleben.

❷ Die vier den Kreis umgebenden Flächen aus doppelt gelegtem Fotokarton ausschneiden.

❸ Für den Krippenbogen Goldkarton 40 x 3 cm zuschneiden. An den Enden 1,5 cm breite Klebestege abknicken. In der Mitte des Streifens, parallel zur Längskante, einen 6 mm langen Schnitt ausführen. Den Streifen bogenförmig auf die grüne Kreisfläche kleben.

❹ Den Stern aus doppelt geklebtem Goldkarton ausschneiden und die lange Zacke in den Einschnitt des Bogens stecken.

❺ 1,5 cm breite Goldkartonstreifen röhrenförmig als Kerzenhalter zusammenfügen und auf die grünen Flächen kleben.

Jesuskind

❶ Die Figur aus hautfarbenem Tonkarton, das Gewand aus weißem Fotokarton schneiden, aufeinanderkleben und ausgestalten. Heiligenschein aus Hologramm-Papier ankleben.

❷ Das gelbe Strohbett bemalen. Einen ringförmig zusammengeklebten Kartonstreifen an der Unterseite anbringen. Das Kind aufkleben.

Maria, Josef, Hirte, Engel und Tiere

❶ Die Figuren zweifach aus Regenbogen-Buntpapier, Fotokarton (Engel) bzw. Tonkarton (Tiere) ausschneiden und, wie auf der Vorlage angegeben, zusammenkleben.

❷ Details aufkleben oder mit Filzstiften ausgestalten.

Hilfsmittel

- **wasserfeste Filzstifte in Schwarz, Braun, Gold, Rot und Hautfarbe**
- **Buntstift in Rot**
- **Floristenknetmasse zum Fixieren der Kerzen**
- **vier Kerzen ca. 10 cm lang und mit 1,3 cm Durchmesser**
- **eventuell Cutter**
- **Zirkel**
- **Lineal**
- **Falzbein**

Vorlage O

Neben dieser Auswahl aus der Brunnen-Reihe haben wir noch viele andere Bücher im Programm. Wir informieren Sie gerne - fordern Sie einfach unsere neuen Prospekte an:

- <u>Bücher für Ihre Kinder:</u> Basteln, Spielen und Lernen mit Kindern
- <u>Bücher für Ihre Hobbys:</u> Stoff und Seidenmalerei, Malen und Zeichnen, Keramik, Floristik
- <u>Bücher zum textilen Handarbeiten:</u> Sticken, Häkeln und Patchwork

Wir sind für Sie da, wenn Sie Fragen zu AutorInnen, Anleitungen oder Materialien haben. Und wir interessieren uns für Ihre eigenen Ideen und Anregungen. Faxen, schreiben Sie oder rufen Sie uns an. Wir hören gerne von Ihnen! Ihr Christophorus-Verlag

Christophorus
Bücher mit Ideen

Hermann-Herder-Str. 4 / 79104 Freiburg i. Breisgau

Tel: 0761/2717-268 oder Fax: 0761/2717-35